*Hans Borghorst, 1961 in Haren/Ems geboren,
arbeitete als Zeitungsausträger,
in einer Coca-Cola-Fabrik, als Pizza-Bote,
als Kabelträger beim Fernsehen,
als Grafiker, als DJ usw. Lebt als freier Autor in Meppen.*

1 2 3 4 5 04 03 02 01 00

Postfach 3407 · 26024 Oldenburg
Printed in Italy
ISBN 3-8303-3006-5

HANS BORGHORST

Das kleine Buch vom besten Freund

Mit Illustrationen von Tom Breitenfeldt

LAPPAN

VORWORT

Manche Geheimnisse um den Penis werden nie gelüftet. Zum Beispiel die Frage, ob dem Mann ein Penis wuchs, damit er sich fortpflanzen konnte oder ob dem Penis ein Mann wuchs, damit er mobil wurde. Wir wollen uns jedoch mit dem eigentlich Interessanten, dem Wesen des Penis und seines Trägers beschäftigen – aber auch mit den zahlreichen Abenteuern, die sie miteinander zu bestehen haben und welche sie mitunter in Regionen führen, die nie zuvor eines Menschen Auge sah.

INHALT

WAS KANN DER PENIS?

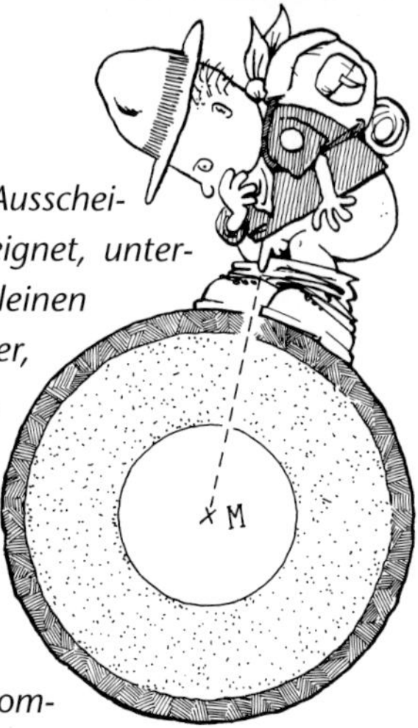

Wer glaubt, der Penis sei allein zum Ausscheiden diverser Körperflüssigkeiten geeignet, unterschätzt ihn sträflich. Schon dem kleinen Pfadfinder wird beigebracht, dass er, wenn er sich im Wald verlaufen hat, nur die Hose herunterlassen und auf seinen Penis schauen muss, um ungefähr die Richtung zu bestimmen, in der der Erdmittelpunkt zu vermuten ist.

Diese Information für sich allein genommen, hilft dem Betreffenden zwar nicht weiter, kann aber dennoch ein entscheidender Anhaltspunkt sein. Sein variables Aussehen und seine ebenso flexible Größe machen den Penis zudem zu einem Virtuosen auf der Klaviatur der menschlichen Emotionen. So ist es kleineren Exemplaren z.B. ein Leichtes, beim berühmt-berüchtigten „Penisvergleich" an der Kneipentheke für stundenlange Heiterkeit zu sorgen. Und stattlicheren Exemplaren gelingt es mühelos, bei den landauf, landab stattfindenden „Men-Stripshows" für spitze Schreie und Gänsehaut zu sorgen.

Selbst als Lebensretter tut er sich mitunter hervor, wie folgendes Beispiel deutlich macht:
Immer wieder kommt es vor, dass unvorsichtige Nacktschwimmer in haiverseuchtes Gewässer geraten. Weil Haie bekanntlich dazu neigen, von der möglichen Beute erst einmal zu kosten, bietet sich der Penis wie selbstverständlich an. Der spätestens jetzt alarmierte Schwimmer erhält somit Gelegenheit, in aller Ruhe verschiedene Pläne zu seiner Rettung zu skizzieren und den ihm am vielversprechendsten erscheinenden in die Tat umzu...
Na ja, manchmal ist es dann natürlich doch zu spät.

WIE FÜHLT ES SICH ÜBERHAUPT AN,
EINEN PENIS ZU HABEN?

Meistens etwa so, wie eine tote Maus in der Hosentasche mit sich herumzutragen: Man fühlt also fast nichts. Tatsächlich: Ob der Mann nun gerade Schuhe putzt, Fliesen legt oder die Buchführung erledigt – er spürt seinen Penis nicht. Selbst wenn er beispielsweise beim Italiener einer attraktiven Frau gegenübersitzt und man sich mit einem Glas guten Weins zuprostet, macht der Penis sich nicht zwangsläufig bemerkbar. Allerdings kann sich dies von einer Sekunde auf die andere ändern: Denn sobald das weibliche Gegenüber den Teller mit Scampi in Angriff nimmt … diese brutal aus der Schale bricht … hungrig die Zähne in das weiche Fleisch schlägt, saftige

Stücke herausreißt und geräuschvoll verschlingt ... dabei immer wieder die rosa Zungenspitze in den feuchten Mundwinkeln auftaucht und wahre Sturzbäche öliger Flüssigkeit die Finger entlanglaufen ... unzählige Tropfen hiervon auf die Chiffonbluse fallen, diese somit immer transparenter machen und die Sommersprossen auf der unbeBHten Brust sichtbar werden ... kommt der Mann nicht mehr umhin zu registrieren, dass unter dem Tisch, genauer: zwischen seinen Beinen, etwas auf der Lauer liegt ... etwas, das ebenfalls einen unbändigen Appetit verspürt – aber nicht auf Scampi!

ZU GROSS? ZU KLEIN?

Die Frage, ob der Penis zu groß sei, stellt sich praktisch nie: Ein zu groß gibt es in diesem Zusammenhang nicht, genießt der Träger eines überdimensionierten Geschlechtsorgans doch allerlei Privilegien. So sind unter derartigen Voraussetzungen laut aktueller Umfrage zum Beispiel fast 99,8 % aller Frauen nur zu gerne bereit, über sonst unverzeihliche Defizite wie Ganzkörpertätowierungen, extrem wuchernde Naseninnenbehaarung oder den offensiven Umgang mit Körpergasen hinwegzusehen.
Zudem bieten sich einem derart üppig ausgestatteten Mann vielfältige Verdienstmöglichkeiten – etwa als Objekt wissenschaftlicher Untersuchungen, als Darsteller bei Pornoproduktionen oder in Geisterbahnen –, sodass ihm ein Leben in Wohlstand garantiert ist.

Die Frage, ob der Penis zu klein sei, stellt sich naturgemäß weit häufiger. Sie wird nicht von ungefähr meist mit zittriger Stimme vorgebracht, denn jedem Mann ist klar, dass – falls sie bejaht werden muss – er sich quasi als Opfer eines lebenslangen Fluches betrachten darf.

Selbst gutes Aussehen, Charme und Witz können dieses Manko nicht wettmachen. Denn wer einen zu kleinen Penis hat, wird von niemandem – und schon gar nicht von seiner Lebensgefährtin – Respekt erwarten können.
Dies kann dazu führen, dass der Betreffende den Kontakt zum weiblichen Geschlecht von vornherein generell meidet und aus Angst vor der Welt da draußen so lange wie nur möglich in der Obhut seiner Eltern wohnen bleibt.
Andere treten die Flucht nach vorn an und versuchen die Scham über ihr minimales Fortpflanzungsorgan durch maximale berufliche Leistungen zu kompensieren. Sie fahren dann Formel-1-Rennen für noble italienische Autohersteller, moderieren Samstagabends erfolgreiche Unterhaltungsshows im ZDF oder entwickeln raffinierte Betriebssysteme für Computer und werden so vielleicht sogar zum reichsten Mann der Welt. Gut möglich, dass solch blinder Aktionismus geeignet ist, den Betreffenden bis zu einem gewissen Grad Trost zu verschaffen und dieser sei ihnen von Herzen gegönnt. Doch dem Besitzer eines normal großen Penis kann all das hektische Treiben bestenfalls ein mitleidiges Lächeln entlocken, weiß er sich doch wegen weitaus gewichtigerer Qualitäten geschätzt, geliebt und vielleicht sogar vergöttert.

DAS ERSTE MAL

Gehen wir der Einfachheit halber einmal davon aus, dass der Penis sich ordnungsgemäß emporreckt und die Vagina durch bereitwillig geöffnete Schamlippen signalisieret, dass gegen ein Eindringen keinerlei Einwände bestünden: Die nun folgende Hürde mit einer gewissen Eleganz zu nehmen, gelingt dem Anfänger so gut wie nie. Auch wer sich bis dato aufgrund seiner erfolgreichen Teilnahme am Straßenverkehr eines hervorragenden Orientierungssinns rühmte, wird nun von einem ungewohnten Gefühl der Verlorenheit übermannt, denn eine Beschilderung wird er hier vergeblich suchen und die Sicht ist für gewöhnlich außergewöhnlich schlecht.

Wohl dem, der an eine umsichtige Partnerin geraten ist, welche ihn dezent in die richtige Richtung lenkt.
Derjenige aber, der solches Privileg nicht genießt, irrt möglicherweise ratlos umher und findet sich schließlich im „Verbotenen Bereich" wieder, wähnt er sich jedoch fälschlicherweise am Ziel und benimmt sich folgerichtig ungebührlich, was gemeinhin mit der scharfen Zurechtweisung „Ey, DA doch nicht!" quittiert wird.
Dieses und andere Vorkommnisse – so etwa das permanente Klopfen von Verwandten ersten Grades an die verschlossene Tür – können beim Debütanten zu Irritationen führen, die unter Umständen im Abbruch des Experiments gipfeln.
Hier ist die Partnerin aufgerufen, rechtzeitig motivierend einzugreifen. Aufmunternde Blicke, wollüstige Laute und notfalls auch Drohungen à la „Wenn dus nicht tust, tuts ein anderer" sind bestens geeignet, den Bemühungen des Anfängers neuen Schwung zu verleihen.
Ist die Übung erst einmal gelungen und der Penis glücklich am Bestimmungsort angelangt, kennt das Wohlgefühl keine Grenzen. Es ist ...
„... irgendwie ganz prima!" (Stefan, 27, Sozialarbeiter)
„... wie ohne Auto in der Waschanlage!" (Jens, 31, Konditor)

*„… der Hammer, der Kracher, der to-ta-le Wahn,
noch geiler als 'ne Schwarzfahrt mit der Deutschen Bahn.
Ich sag: Hey, Baby, die Nummer ist der absolute Hit,
beim nächsten Mal da bring ich meine Kumpels mit!"*

(Magnus, 16, Rapper)

Trotz aller Euphorie sollte man nun jedoch keinesfalls die Beherrschung verlieren, denn nicht nur Fußballfans neigen in diesem Augenblick ganz instinktiv dazu, einen frühen Treffer erzielen zu wollen. Aber Achtung: Was auf dem Rasen frenetisch bejubelt wird, kann auf dem Laken zum sofortigen Platzverweis führen.

Merke: Außer beim Quickie sollte der Beischlaf die Dauer von 5 Minuten nie unterschreiten! Es zeugt sogar von einem gesunden Ehrgeiz, den Höhepunkt so lang wie möglich hinauszuzögern. Die wahren Meister dieser Disziplin legen Kalender und Handy bereit, damit sie zwischendurch den besten Freunden „Frohe Ostern" und dann auch „Fröhliche Weihnachten" wünschen können, ohne den Vorgang vorzeitig abbrechen zu müssen.

Doch zurück zum Anfänger: Nun also erlebt der Penis seine erste Sternstunde. Und da man nie wissen kann, ob und wann er wieder zum Einsatz kommt, schont er sich in keins-

ter Weise und wird auch in keinster Weise geschont. Bei womöglich stundenlanger Beanspruchung auf höchstem Niveau sind anschließend auftretende Hautreizungen sowie leichte bis mittlere Schmerzen keine Seltenheit.
Man hat aber auch schon ganz extrem geschundene Exemplare gesehen, die den Eindruck machten, als sei die komplette Teilnehmerriege eines Stepptanzkurses für Vollschlanke über sie hinweggefegt. In solchen Fällen zieht sich die Genesungszeit entsprechend lange hin.
Um diese Folgen bis zu einem gewissen Grad zu vermeiden und überhaupt die ganze Angelegenheit leichtgängiger zu machen, empfiehlt sich die Anwendung so genannter Gleitmittel. Diese sind in sämtlichen Geschmacksrichtungen erhältlich – als Renner der Saison gelten nach Auskunft des Fachhandels „Erdbeer", „Zitrone" und „MacChicken".
Im Normalfall spürt der junge Mann nach dem ersten Verkehr aber keineswegs Schmerzen, sondern eher eine unendliche Leichtigkeit, ja fast Schwerelosigkeit.
Er liegt auf, unter oder neben der Partnerin, seufzt voller Zufriedenheit und wird erfahrungsgemäß bald dem fatalen Drang nachgeben, die berühmte Frage zu stellen:
„Wie war ich?"

Die Frage zeugt von einem dramatischen Mangel an psychologischem Einfühlungsvermögen. Denn eigentlich ist es doch logisch, dass bei der Partnerin in diesem Moment nur eines von zwei möglichen Stimmungsbildern vorherrschen kann – und beide sind der Wahrheitsfindung nicht eben dienlich:
A: Sie möchte ihn nicht verletzen.
B: Sie möchte ihn verletzen.
Wie die Antwort also auch immer ausfällt: Sie ist von der Realität so weit entfernt wie Aurich von Istanbul.
Wem an einer ehrlichen Leistungsbewertung gelegen ist, stellt die Frage gar nicht erst, sondern sorgt dafür, dass er innerhalb der nächsten Tage zufällig der besten Freundin seiner Sexualpartnerin über den Weg läuft und beobachtet genauestens deren Reaktion.

- *Ziemlich enttäuschend war er, wenn diese mitleidig lächelt.*
- *Eher durchschnittlich war er, wenn sie sich völlig normal benimmt.*
- *Ganz hervorragend war er, wenn sie bei seinem Anblick von einer starken Unruhe gepackt wird, ihm ausführlich die charakterlichen Schwächen seiner Sexualpartnerin (also ihrer besten Freundin!) darlegt und dabei ungewöhnlich viel Bein zeigt.*

PROTOKOLL ZUM THEMA „MEIN ERSTES MAL"

Es war an meinem 15. Geburtstag. Abends, als meine Freunde so nach und nach den Heimweg angetreten hatten, schob mich mein Vater zur Haustür. „Wir fahren noch ein bisschen spazieren", rief er meiner Mutter im Hinausgehen zu. „Ist 'ne Überraschung", raunte mir mein Vater zu, „ein alter Familienbrauch zum 15. Geburtstag, von dem nur die männlichen Mitglieder unserer Familie wissen."

Eine halbe Stunde später hielten wir vor einem heruntergekommenen Haus mit rot beleuchteten Fenstern. Mein Vater führte mich hinein, einen merkwürdig süßlich riechenden Flur entlang und schubste mich in einen Raum. „Viel Spaß!", rief er lachend und ich hörte, wie die Tür von außen abgeschlossen wurde.

Nervös blinzelte ich ins Halbdunkel. Das einzige Fenster war mit rotem Stoff verhängt, ein durchgelatschter Teppich und ein riesiges Bett waren zu erkennen. In einer Ecke stand ein reich verzierter Käfig mit einem zerrupft aussehenden Papagei, der hoch konzentriert den Schnabel an seiner Sitzstange wetzte. Auf der anderen Seite des Zimmers klirrte jetzt ein Kettenvorhang und eine überaus monströse Frau trat ein. Noch vor wenigen Jahren hätte ich bei ihrem Anblick losge-

kreischt. Inzwischen jedoch interessierte ich mich brennend für alles Weibliche. Und weiblich war sie – die Brüste enorm, der Hintern gewaltig ...

„Tag, Robert, ich bin Louise ... dein Geburtstagsgeschenk!"

Ihre Stimme klang wie ein altes Wasserrohr, in dem man mit einem Eisenstab herumstochert. Ich presste meinen Rücken gegen die Tür, tastete nach der Klinke und probierte sie hinunterzudrücken – keine Chance.

Louise schlug die Bettdecke zurück. „Komm ruhig näher. Na, was ist, komm schon." Zaghaft trat ich auf sie zu.

„Hast du eine Freundin?" Ich nickte.

„Und habt ihr schon mal miteinander ...?"

Ich schüttelte den Kopf.

„Na prima", grunzte sie. „... wenn dein Schatz so weit ist, wird sie staunen was du schon alles kannst."

Ich war bis auf Armeslänge an Louise herangetreten. Sollte sie jemals eine Schönheit gewesen sein, dann vor langer, langer Zeit. „Nun tu mal nicht so schüchtern", knurrte sie, zog mich ruppig zu sich heran, drückte mir ihre pelzige Zunge in den Mund und wühlte darin herum. Ich war empört, entsetzt, angeekelt ... und verspürte eine unbändige Lust.

Als sie mich aufs Bett warf, krächzte der Papagei los:

„50 Mark kost der Spaß, 50 Mark kost der Spaß ..."
„Hör nicht auf ihn", grunzte Louise und begann, mir die Hose herunterzureißen. „Dein Alter hat schon gelöhnt."
Splitternackt kroch ich unter die Decke und beobachtete erregt, wie sich Louise aus ihrer Kleidung schälte. Als auch sie völlig nackt war und sich zu mir drehte, wollte ich gerade denken „Ach, du Scheiße!", kam aber nur bis „Ach ...", denn schon wälzte sich Louise aufs Bett und schnappte mich. Die Metamorphose, die sich nun vollzog, kann nur begreifen, wer einmal eine schwerfällige Robbe sich träge über den Strand bewegen und dasselbe Tier dann wie einen Pfeil durchs Wasser jagen sehen hat. Genauso war es bei Louise – das Bett war ihr Element! Wie eine Elfe umflirrte sie mich, war überall gleichzeitig und jeder einzelne Zentimeter meines Körpers gierte nach ihren den Verstand raubenden Fertigkeiten. Ich befand mich im Zentrum eines Orkans und wurde umhergewirbelt, ohne etwas dagegen unternehmen zu können. Sie trieb mich an, wie kein Peitschenschwinger und kein Folterknecht es gekonnt hätten, und als sie nach einer Ewigkeit endlich mit mir fertig war, verspürte ich nur noch den Wunsch, zwischen Daumen und Zeigefinger genommen und in den Papierkorb geworfen zu werden. Ich war nicht mehr

als ein schlapper Ballon, ein zertretener Karton, eine platt gefahrene Dose.
Ich weiß nicht mehr, wie ich nach Hause kam, aber als ich einige Tage später wieder bei Kräften war, nahm ich 50 Mark von den 250, die mir meine Eltern zum Kauf eines Fahrrades geschenkt hatten und ging erneut zu Louise. Auch die Einnahmen aus den zahlreichen Aushilfsjobs, die ich mir suchte, verschwanden in Louises Nachttischschublade. Viele Jahre lang suchte ich Louise regelmäßig auf. Als ich ihr eines Tages einen Heiratsantrag machte, lächelte sie nur milde, nahm ihn später aber an: Sie war krank geworden und ich konnte ihr finanzielle Sicherheit bieten. Die Trauung fand in sehr kleinem Rahmen statt, nicht einmal mein Vater erschien.
Erst gestern habe ich Louise wieder besucht. Sie lebt jetzt in einem Pflegeheim und ist nur noch ein dürres altes Mädchen. Ich halte ihre Hand und denke an die vergangenen Zeiten. Ob Louise auch daran denkt, kann ich nicht sagen; nicht einmal, ob sie mich erkennt. Gelegentlich aber schaut sie mich auf sonderbare Weise an und wenn ich ganz nah herangehe, höre ich sie leise krächzen: „50 Mark kost der Spaß ...“

André (36), Börsenmakler

DAS ZWEITE MAL

... unterscheidet sich vom ersten Mal insofern, als dass die Nervosität nun nicht mehr ganz so groß ist, weil man ja schon mal da war und es schon mal erlebt hat.

Doch der Aufwand wird dadurch nicht geringer – ganz im Gegenteil:

Während man sich beim ersten Mal meist auf die üblichen Stellungen beschränkt, wird vonseiten der Sexualpartnerin beim zweiten Mal häufig bereits die Inszenierung ausgefeilterer Liebestechniken erwartet, was Mann und Ausrüstung mitunter das Letzte abverlangt.

ANDERE LÄNDER, ANDERE SITTEN

Mancherorts ist das Verhältnis zum männlichen Geschlechtsorgan ein klein wenig anders als bei uns – und teilweise verhält man sich sogar völlig konträr zu unseren Gepflogenheiten:

- TAHITI -

Um die bösen Dämonen zu bändigen, wird der Penis bis zum 40. Lebensjahr in einen Gipsverband gepackt. Erst danach darf das männliche Glied zur Fortpflanzung genutzt und damit seiner biologischen Bestimmung zugeführt werden. Wer den Verband entgegen der Vorschrift heimlich schon vorher abmacht (und dies ist nach zuverlässigen Berichten, die uns vorliegen, die Regel), wird mit bis zu drei Tagen Haft auf Bewährung bestraft und hat zudem die Möglichkeit verwirkt, die höhere Beamtenlaufbahn einzuschlagen.

- SCHWEDEN -

Hier werden neuerdings die Steuern, die ein Mann zu zahlen hat, nach der Größe seines Penis berechnet. Wer wenig hat, zahlt wenig; wer viel hat, zahlt viel. Ein durchaus geschickter Schachzug des schwedischen Finanzministers, denn die Männer wenden alle Tricks an, um möglichst hohe Steuern zu zahlen und damit vor ihren Freunden angeben zu können.

- CHINA -

Hier gehört es zum guten Ton, seinen Penis nie in der Öffentlichkeit zu zeigen – es sei denn, es ist ein Dienstag, Donnerstag oder gesetzlicher Feiertag oder man hat Geburtstag, Namenstag oder einen Hirnschaden!

- NIGERIA -

Hier muss der Penis von der Ameisengöttin für reif erklärt werden. Ab dem 13. Lebensjahr wird dem jungen Mann am 1. jeden Monats zunächst ein winziges Fähnchen und dann eine Ameise in die Harnröhre gesteckt. Nur wenn diese innerhalb von 5 Minuten wieder herausfindet und mit dem Fähnchen winkt, gilt der Kandidat als geschlechtsreif. Selbstredend werden unter der Hand für entsprechend dressierte Ameisen enorme Summen gezahlt.

DAS KONDOM

Wer je auch nur eine einzige Stunde unschuldig im Gefängnis gesessen hat, kann die negative Einstellung des Penis zum Kondom sicher bestens nachvollziehen.

Sich keiner Schuld bewusst, wird dieser plötzlich gepackt und in eine äußerst beengende, absolut luftundurchlässige und darüber hinaus auch noch stark sichtbehindernde Latexhülle gestopft. Falls er es sich unter diesen Umständen einfallen lässt, den Dienst zu versagen, sieht er sich zudem zahllosen Vorwürfen ausgesetzt – ein wahrhaft frustrierendes Erlebnis.

Natürlich gibt es gute Gründe für die Benutzung eines Kondoms: Schwangerschaften und Krankheiten sollen hierdurch vermieden werden. Doch diese Gründe sind allein dem Verstand bekannt; nicht dem Penis. Und es wird niemanden überraschen zu hören, dass zwischen diesen beiden bedauerlicherweise keine direkte Verbindung existiert.

Auch der Mann an sich ist im Allgemeinen kein unbedingter Sympathisant dieser Verhütungsmethode. Die Klage, er empfinde beim Verkehr mit Kondom wenig oder nichts, ist die wohl am häufigsten geführte. („ ... als säße man mit Sonnenbrille im Kino." Heinz-Günther, 40, Dachdecker.)

Alles Jammern hilft jedoch nichts, denn obwohl Schwanger-

schaften durchaus auch anders zu verhindern wären, hilft zum Schutz der Gesundheit nur die Benutzung eines Kondoms.

Über die richtige Handhabung desselben wird man seit jeher in der Schule informiert. Fand diese Unterweisung früher heimlich während der Pause auf der Toilette statt, so ist sie heute Bestandteil des offiziellen Schulunterrichts – was allerdings nicht unbedingt als Fortschritt gewertet werden muss, denn selbstredend brennt sich alles, was man auf der Schultoilette erfährt, weitaus nachhaltiger ins Gedächtnis ein als jeder noch so interessant aufbereitete Unterrichtsstoff.

Und dann eines Tages kommt der Ernstfall – doch wann genau tritt dieser ein?!

– Muss man ein Kondom überziehen, sobald man eine potenzielle Sexualpartnerin auf der Straße erblickt?!

– Nein!

Aber wenn man das erste Mal mit ihr im Eiscafé sitzt?!

– Nein!

– Und später in ihrem Schlafzimmer, wenn man ihr dabei zuschaut, wie sie sich zu „Modern Talking" in einem knallroten Stringbody rhythmisch am Türrahmen reibt, dann plötzlich rücklings auf den Flokati wirft, die Beine spreizt und mit der

A

einen Hand den knöpfbaren Schritt aufknöpft und mit der anderen einladend winkt?!
– Ähm, ja doch ... zu diesem Zeitpunkt eine Packung Kondome aufzureißen wäre sicherlich keineswegs voreilig.
Aber Vorsicht! So mancher Erdenbürger, den man später glauben machte, er sei ein Wunschkind gewesen, verdankt seine Existenz einem schadhaften Kondom. Fingernägel, Schneidezähne und ungünstig positionierte Piercings machen jedem Kondom ruckzuck den Garaus.
Wer Glück hat und die Beschädigung rechtzeitig bemerkt, sollte – selbst wenn es das letzte Kondom war, es draußen bitterkalt ist und die nächste Apotheke 20 Kilometer weit entfernt – von stümperhaften Versuchen Abstand nehmen, den Schaden mit Tesafilm oder Fahrradflickzeug beheben zu wollen. So etwas nimmt zwangsläufig ein böses Ende.
Da ist es weitaus klüger, die Sache ganz bleiben zu lassen und den Rückstand bei nächster Gelegenheit aufzuholen.
Aber selbst, wenn das Kondom in Ordnung ist, kann durchaus noch einiges schief gehen:
Bei sehr leidenschaftlich ausgeführten Kopulationen kann sich das Kondom schon mal unmerklich lösen. Und wer nach dem Koitus allzu lange verharrt, um Atem zu schöpfen und

weil es doch gerade so gemütlich ist, bedenkt vielleicht nicht, dass der Penis nun an Größe und somit das Kondom an Halt verliert.

Wer wirklich hundertprozentig sicher gehen will, zieht den Penis kurz vor Erreichen des Höhepunktes heraus, überprüft den korrekten Sitz des Kondoms und schaut, ob die nun zutage tretende Samenflüssigkeit auch ganz bestimmt nirgendwo heraustropft.

Nach Abschluss des Manövers stellt sich natürlich folgendes Problem: Wohin mit dem Kondom?

Mancher wirft es achtlos unters Bett, in die Toilette oder aus dem Fenster.

Jäger und Sammler hingegen verknoten es, um es sodann mitsamt einem Foto der jeweiligen Sexualpartnerin an der Wohnzimmerwand zu drapieren.

Letzteres – dies muss an dieser Stelle vermerkt werden – ist zwar durchaus dazu geeignet, dem Bekanntenkreis zu imponieren, kann auf potenzielle Sexualpartnerinnen aber auch abschreckend wirken.

IMPOTENT?

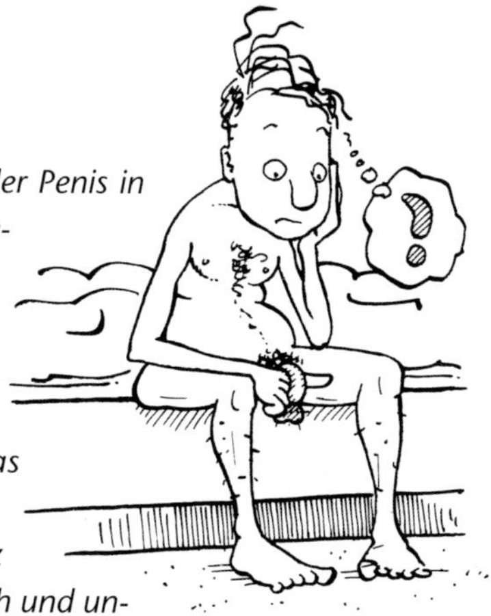

Es kann vorkommen, dass der Penis in eine Krise gerät. Dies kann gesundheitliche Gründe haben, stressbedingt sein oder mit zu engen Unterhosen zusammenhängen – muss aber noch lange noch das endgültige Aus bedeuten. Häufig stellt sich die Potenz eines Tages genauso plötzlich und unerwartet wieder ein, wie sie abhanden gekommen ist – etwa wenn man gerade einen Dokumentarfilm über afrikanische Naturvölker anschaut. Wir wollen uns allerdings nichts vormachen: Tatsächlich gibt es auch Fälle, wo rein gar nichts mehr zu machen ist. Hier heißt es dann, sein Schicksal anzunehmen und – wenn an dieser Stelle ein kleines Wortspiel erlaubt ist – „den Penis nicht in den Sand zu stecken"! Heutzutage sind wir glücklicherweise so weit, dass die Impotenten keineswegs wie einst üblich ganz selbstverständlich die Rolle des Dorftrottels übernehmen, sondern sich organisieren, zum Beispiel im TOTE HOSE e.V.

Bei diesem bundesweit tätigen Verein erhalten Interessenten gegen eine geringe Aufnahmegebühr den Mitgliedsausweis, jede Menge Informationsmaterial und einen flotten großformatigen Autoaufkleber mit dem Vereinsmotto. Selbstverständlich werden auch Veranstaltungen angeboten, wobei sich die von allen Ortsgruppen regelmäßig ausgerichteten Doppelkopfabende besonderer Beliebtheit erfreuen. (Wer sich bereits über die zunehmende Zahl ausschließlich männlich besetzter Doppelkopfrunden gewundert hat, kennt nun die Hintergründe.)
Bevor um Aufnahme im TOTE HOSE e.V. ersucht wird, sollte die Impotenz zweifelsfrei erwiesen sein. Nicht wenige Männer scheuen allerdings den Gang zum Arzt, fürchten sie doch nicht ganz zu Unrecht das mitleidige Schulterklopfen des Mediziners sowie das durch die Praxisflure hallende Kichern seiner Helferinnen. Dieser Problematik Rechnung tragend, haben führende Sexualtherapeuten einen Test entwickelt, der die ärztliche Untersuchung zwar nicht ersetzen kann und soll, aber dem potenziell Impotenten doch gewisse Hinweise darauf gibt, wie Ernst seine Lage einzuschätzen ist. Mit freundlicher Genehmigung von TOTE HOSE e.V. drucken wir diesen Test auf den folgenden Seiten ab.

IMPOTENZ-TEST

Die folgende Erotik-Story soll Ihre Manneskraft auf die Probe stellen. Wenn Sie beim Lesen auch nur das geringste Kribbeln im Lendenbereich verspüren, besteht durchaus noch Hoffnung für Sie.
Und wenn Sie nichts spüren, dann eben nicht.
Damit die Geschichte Sie ganz individuell anspricht, wurden an bestimmten Stellen des Textes Lücken gelassen, die Sie nach Ihren Vorstellungen ausfüllen können – denn jeder Mann hat schließlich ganz eigene Fantasien und Träume.

„................MIT................!"

Ich lag lang ausgestreckt auf einer abgelegenen Wiese im Park. Seit .... Wochen war ich wieder Single, doch das störte mich nicht. Zufrieden genoss ich den Sommer und ließ alles in Ruhe auf mich zukommen. Die Sonne knallte mir auf den ...., ich räkelte mich zufrieden und dachte an ...., als plötzlich ein Schatten auf mich fiel.

Ich setzte mich auf und blinzelte verwundert die .... Frau an, die vor mir stand. Sie hatte .... Haare und eine .... Figur. Mir blieb die Spucke weg - sie war einfach ....!

„Entschuldigen Sie", begann sie mit einer unglaublich .... Stimme zu sprechen, „aber könnten Sie mir bitte sagen, wo ich den/die/das .... finde?"

„Ja, sicher", antwortete ich. „Sie gehen da geradeaus, dann biegen Sie .... ab und etwa .... Meter weiter ist es auch schon."

„Hm", machte sie und zögerte. „Wären Sie vielleicht so nett, es mir aufzuzeichnen?" Schon saß sie neben mir im Gras und hantierte mit einem Blatt Papier und einem Stift. Sie roch nach .... und mein Blick fiel auf ihre wohlgeformten .... Ich hatte das unbestimmte Gefühl, sie irgendwoher zu kennen. Doch erst jetzt, als sie die Sonnenbrille abnahm, kam ich drauf: Ich kannte sie aus dem Fernsehen! Und kürzlich hatte ich noch gelesen, dass sie bei der Wahl zur erotischsten Frau Deutschlands auf Platz .... gelandet war.

„Sind Sie nicht .... ?", platzte ich heraus. „Oh, Sie haben mich erkannt?" Eilig setzte sie ihre Brille wieder auf. „Wissen Sie, seit der Wahl der erotischsten Frauen Deutschlands traue ich mich kaum noch auf die Straße. Alle Männer scheinen nur noch an .... zu denken, sobald sie mich sehen. Ich hoffe, Sie sind nicht auch so ein .... Typ."

„Ich?", protestierte ich. „Aber nein. Natürlich sind Sie eine sehr .... Frau, aber meiner Meinung nach ....

....

....!"

Als ich geendet hatte, starrte sie mich sekundenlang an. „So etwas Intelligentes und gleichzeitig unendlich Schönes hat noch nie ein Mann zu mir gesagt", flüsterte sie dann und küsste mich spontan auf die/den ....

„Fänden Sie es sehr aufdringlich, wenn ich noch ein wenig neben Ihnen sitzen bliebe?"
„Im Gegenteil, es würde mich sehr freuen!", antwortete ich, „ich habe sogar eine gute Flasche .... dabei, falls Sie mögen."
Bald waren wir in eine angeregte Unterhaltung vertieft. Sie erzählte mir von .... und .... und ich brachte sie mit einigen Geschichten über .... und .... zum Lachen.
Sie wirkte so .... aber auch sehr ....
Ich merkte, dass ich immer .... wurde.
„Autsch!", rief sie plötzlich und rieb sich die/den/das .... „Irgendwas hat mich gestochen - eine Wespe glaube ich."
„Zeigen Sie mal. Ja, sieht ganz danach aus."
„Würden Sie wohl - ich weiß, das klingt jetzt komisch - das Gift heraussaugen?", bat sie. „Wenn die Stelle anschwillt, müsste ich die morgigen Dreharbeiten absagen. Das gäbe ein Riesentheater." Sie legte sich ins Gras und sah zu mir auf. „Sie täten mir wirklich einen großen Gefallen", betonte sie.
Nur zu gerne beugte ich mich über sie, begann mit aller

Kraft zu saugen und war so sehr damit beschäftigt, dass ich zunächst gar nicht bemerkte, wie ihre Hände sanft über mein/e/n .... glitten.
Ich hob den Kopf und sah, dass .... langsam ihre/n ....auszog; ihre wahnsinnigen .... raubten mir fast den Verstand.
„................!", hauchte sie, lag da wie eine .... und grinste frech. Uns beiden war klar, dass wir den .... Sex unseres Lebens vor uns hatten. Wir küssten uns ausgiebig und als sie meine .... öffnete und meinen .... sah, rief sie erstaunt: „Wow, der ist ja .... !"
Jetzt gab es kein Halten mehr. Alle Bewegungen gingen ineinander über, als wären wir ein eingespieltes Team, und doch spürten wir dieses köstliche Kribbeln, das sich immer einstellt, wenn man das erste Mal miteinander ....
Wir .... und .... und steigerten uns immer mehr. Als sie den ersten .... hatte, bäumte sie sich auf und schrie: „Oh ....!"
Ohne Pause ging es weiter, wir probierten die wildesten Stellungen, machten .... und auch ....

und erfanden sogar eine völlig neue Variante, die sich am besten mit „ .... " bezeichnen ließe. Wir .... und .... , als ginge es um unser beider Leben.

Ich weiß nicht mehr, wie oft wir gemeinsam kamen und wir hätten wohl noch stundenlang so weitergemacht, wenn nicht urplötzlich das Klingeln ihres Handys zu hören gewesen wäre. Sie hatte sichtlich Mühe, sich auf das Gespräch zu konzentrieren.

„Was?!", rief sie dann plötzlich. „Schon .... Uhr?! Okay, ich bin in .... Minuten da!"

Hastig schlüpfte sie in ihre Sachen, gab mir einen letzten Kuss und sagte: „Vielen, vielen Dank, ich

....

....

....

....!"

Dann drückte sie mir ihre Telefonnummer in die Hand und war im nächsten Augenblick verschwunden.

ENDE

DER PENIS UND DIE FRAUEN

Das erste Mal, wenn der junge Mann seinen Penis einer Frau präsentieren muss – wobei wir hier nicht von einer Hebamme, Mutter oder Ärztin, sondern einer Sexualpartnerin sprechen – ist absolut entscheidend für den weiteren Lebensweg des Probanden. Zunächst wird er alles versuchen, um die Phase der Sichtbarwerdung seines Penis – also die Zeit zwischen dem Abstreifen der Unterwäsche und dem Eindringen in die Vagina – möglichst kurz zu halten, um einem potenziell vernichtenden Urteil zu entgehen. Diese Taktik geht jedoch nur in den seltensten Fällen auf, denn wie man auf jedem Wochenmarkt beobachten kann, unterziehen Frauen die Ware gerne einer eingehenden Qualitätsprüfung. Länge, Durchmesser und – sofern entsprechende Verdachtsmomente vorliegen – Sauberkeit werden sorgfältig in Augen-

schein genommen. Während sie argwöhnisch sein Geschlechtsteil inspiziert, kontrolliert er ihre Mimik:
Gehen ihre Augenbrauen hoch? Rümpft sie die Nase? Zucken gar die Mundwinkel, als hätte sie alle Mühe, nicht laut loszuprusten?

MÖGLICHKEIT A:

Ja, tatsächlich: Sie lacht – und wie!
Der betreffende junge Mann wird sich eiligst ankleiden und aus dem Staub machen. Doch wird man noch von ihm hören, denn aller Wahrscheinlichkeit nach wird er sich nun zum Ausgleich sehr energisch auf seine berufliche – im Extremfall gar auf eine politische – Karriere stürzen.

MÖGLICHKEIT B:

Nein, Glück gehabt! Sie akzeptiert den Penis, lächelt zufrieden, streichelt ihn ausgiebig ... und nimmt ihn vielleicht sogar in den Mund, was zwar nicht sein eigentliches Ziel, aber meist dennoch eine Wohltat ist – insbesondere dann, wenn die Partnerin zu Geschwätzigkeit neigt.
Doch auch bei Möglichkeit B sollte sich der Mann nicht zu sehr in Sicherheit wiegen, denn das Verhältnis zwischen Frau

und Penis wird nicht umsonst häufig als Hassliebe bezeichnet. So geschieht es nicht selten, dass dieselbe Frau, die abends den Penis mit den Worten: „Na, du bist aber ein Hübscher!" umgarnt hat, am nächsten Morgen zischt: „Geh mir bloß weg mit dem verdammten Ding!" Ihre jeweilige Reaktion hängt von vielen Faktoren ab, ganz besonders aber von den – uns allen sattsam bekannten – Vorgängen im weiblichen Körper. Da heißt es dann, sich in Geduld zu fassen und auf bessere Tage zu warten.

WARNUNG!

Wer sich über die momentane Ablehnung des Penis hinwegzusetzen sucht, muss mit einem handfesten Streit, im Extremfall mit einem mehrjährigen Gefängnisaufenthalt rechnen, bei dem dem Penis seitens der Mitinsassen möglicherweise genau jenes Interesse entgegengebracht wird, welches man sich von seiner Partnerin vergeblich erhofft hatte!

PETTING

Der Erzfeind des Penis ist das so genannte Petting. Beim Petting wird der Penis von der Pettingpartnerin ausgiebig liebkost und massiert, sodass er bald bestens gerüstet ist, in die von ihm sehnlichst angestrebte Körperöffnung einzudringen und dort abzuliefern, was abzuliefern sein naturgegebener Auftrag ist – doch eben dies wird ihm beim Petting strengstens verwehrt. Die Gründe hierfür können vielfältig sein: Vielleicht ist die Pettingpartnerin Jungfrau und hegt den romantischen Wunsch, diesen Status noch eine Zeit lang aufrechtzuerhalten; oder es ist kein Verhütungsmittel zur Hand und eine Schwangerschaft käme terminlich un-

gelegen; oder die Partnerin hat ganz einfach eine ausgeprägte sadistische Ader.
Natürlich gibt sich der Penis so leicht nicht geschlagen. Immer wieder startet er aus allen Richtungen Überraschungsangriffe. Sollten diese sämtlich erfolgreich zurückgeschlagen werden, beginnt der Mann zu betteln und zu flehen und die obskursten Versprechungen zu machen.
Mancher versteigt sich derart, dass er sogar versichert – und in dem Moment auch tatsächlich glaubt! –, nur mal eben reinschauen, aber sich ganz bestimmt zurückhalten zu wollen, was ungefähr so ist, als bewerbe sich ein stadtbekannter Kleptomane für den Nachtwächterjob bei einem Juwelier.
Doch das ganze Geflenne nützt nichts, weil wir uns im Kapitel „Petting" und nicht im Kapitel „Das erste Mal" befinden.
Also muss sich der Penis wohl oder übel damit zufrieden geben, einen handgearbeiteten Höhepunkt nach dem Motto „Umsonst und draußen" zu erleben.

APHRODISIAKA

Wer nicht in Topform ist, greift gerne zu Mittelchen, die den Penis bei seiner – gewiss nicht immer einfachen – Tätigkeit zu unterstützen angeblich in der Lage sein sollen.
Zuerst die schlechte Nachricht:
DIE MEISTEN DIESER MITTEL HELFEN IN KEINSTER WEISE!
Und nun die gute:
EINIGE HELFEN ABER DOCH!
Hier die Anwendungsweise, Wirkung und möglichen Risiken der wichtigsten Aphrodisiaka:

- ZIEGENURIN -

Bereits vor Hunderten von Jahren entdeckten andalusische Hirten, dass frischer Ziegenurin eine überaus belebende Wirkung auf die Manneskraft hat. Wie sie darauf kamen, ist bis dato völlig ungeklärt, es gibt diesbezüglich jedoch eine Vielzahl – meist unappetitlicher – Spekulationen.
Um die bestmögliche Wirkung zu erzielen, sollte der Urin gefiltert, aufgekocht und in kleinen Schlückchen (wahlweise mit Zucker oder Süßstoff) heiß eingenommen werden.
Das Ergebnis wird binnen weniger Minuten sichtbar – selbst

mit bloßem Auge: Der Penis erigiert schlagartig zu voller Größe und oft auch noch 1 bis 1,5 cm darüber hinaus. Als unangenehme Begleiterscheinung des Ziegenurins gilt die Tatsache,

dass der starke Geruch des Urins selbst mit den edelsten Mundwässerchen nicht überdeckt werden kann und der Anwender daher erfahrungsgemäß so gut wie keine Möglichkeiten hat, das erigierte Glied in gewünschter Weise einzusetzen.

- UNSCHPI -

Der Sage nach streifte ein impotenter Stehgeiger durch den Kongo, als ihm plötzlich eine Fee erschien und zu ihm sprach: „Kirqi Unschpi Unschpi". Hierbei handelte es sich um ein Rätsel, das der Stehgeiger lösen sollte – was er auch auf der Stelle tat.

Des Rätsels Lösung ist nicht überliefert, doch erzählt man sich, dass der Stehgeiger in jenem Augenblick seine Potenz zurückgewann. Vor lauter Freude brach er in Tränen aus. Dort aber, wo seine Tränen auf den Boden trafen, wuchs ein seltsamer Busch, auf dem eine bisher unbekannte Schneckenart – genannt „Unschpi" – gedieh, die sich bald über den ganzen Kongo ausbreitete.

Man mag diese Geschichte glauben oder nicht – wahr ist: Die Hoden der Unschpi haben eine extrem aphrodisierende Wirkung. Leider befinden sich in den – normalerweise lässig außerhalb des Schneckenhauses hinterher schleifenden – Hoden hochfeine Sensoren, die beim Herannahen eines möglichen Feindes blitzartig reagieren und den Hoden im granitharten Gehäuse verschwinden lassen. Wer also einen Unschpi seines Hodens berauben will, muss zunächst dessen Vertrauen gewinnen und dieses dann schändlich missbrauchen.

Üblicherweise werden die winzigen Hoden in einem Blätterteigmantel frittiert und mit Sauce Hollandaise serviert. Die sofort nach dem Verzehr einsetzende Wirkung ist frappant! Der

Penis erigiert auf das Doppelte seiner normalen Größe und rotiert zudem um die eigene Achse.
Männer, die Unschpi zu sich genommen haben, sind bei den Frauen des Kongo heiß begehrt (natürlich auch bei allen anderen Frauen und natürlich auch nicht nur bei Frauen).
Jedoch ist Eile angesagt: Nach ca. 1 Stunde ist der Spuk vorbei. Und bedauerlicherweise regt sich danach für etwa vier Wochen im Genitalbereich des betreffenden Mannes rein gar nichts mehr.

- FLOZOP -

Dieser Name steht sowohl für eine auf den Galapagosinseln beheimatete Schnepfenart als auch für deren Speichel, dem man – zu Recht – wahre Wunderdinge nachsagt. Die Gewinnung des Speichels ist im Prinzip einfach: Bei Vollmond tupft man den Schnabel des Flozop immer wieder mit einem kleinen Wattebausch ab und gewinnt so mit der Zeit eine winzige Menge des wertvollen Stoffes. Das Problem ist, dass diese Vorgehensweise dem Flozop im Allgemeinen wenig behagt. Daher ist sein Speichel weder in rauen Mengen noch gar zu annehmbaren Preisen zu haben.
Doch wer Flozop einmal anwendet, hat ausgesorgt: Flozop

wirkt ein Leben lang – und oft auch noch Jahre darüber hinaus! Die Einnahme von Flozop ist allerdings nicht ganz unkompliziert: Nach einer einwöchigen Fastenkur wird Flozop vorsichtig in den auf exakt 0 Grad abgekühlten Anus geträufelt. Die Wirkung setzt relativ langsam ein: Erst nach 3 – 4 Wochen gedeiht die aus dieser Maßnahme resultierende Dauererektion – dann aber in einer solchen Pracht, dass Flozop Personen, die bereits einen Bandscheibenvorfall hatten, nicht ruhigen Gewissens empfohlen werden kann.
Risiken sind – außer für die eben Genannten – keine bekannt. Erwähnenswert wäre vielleicht auch noch, dass Flozop nicht nur positiv auf die Manneskraft wirkt, sondern zudem allzeit guten Haarwuchs, Idealgewicht, geistige Frische sowie Immunität ge-

gen die in Zigaretten und Alkohol enthaltenen Schadstoffe garantiert.
Einen kleinen Wermutstropfen aber gibt es: Der Flozop gilt seit etwa zwei Jahren als ausgestorben! Weltweit wird fieberhaft nach Restbeständen von Flozop gefahndet und möglichen Lieferanten werden Schwindel erregende Summen geboten. Trotzdem ist seit 1999 auch nicht die geringste Menge mehr davon aufgetaucht. Man muss sich also wohl oder übel damit abfinden, dass Flozop definitiv nicht mehr zu haben ist!
Die einzige bekannte Ausnahme ist Herr Ewald Drommel, wohnhaft an der Rimmnergasse 18, 1. Stock, 3. Tür links in Hamburg-Altona. Drommel hat vor kurzem einen 5-Liter-Kanister Flozop von seinem verstorbenen Onkel geerbt und bewahrt den Kanister im Badezimmerschrank auf. Kriminelle Elemente seien an dieser Stelle jedoch ausdrücklich gewarnt: Zwar hat Drommel keine Alarmanlage und das Türschloss ist auch kaputt ... außerdem ist er halb blind, dreiviertel taub und zu hundert Prozent gehbehindert ... ABER DAFÜR KANN ER SCHIMPFEN WIE EIN ROHRSPATZ!!!

EROTISCHE TRÄUME

Es gibt wohl auf der ganzen Welt keinen Mann, der nicht gelegentlich von einem erotischen Traum heimgesucht wird. Und wie man das bei Träumen erwarten darf, läuft dort alles etwas anders ab als in der Realität, mit der man sich ansonsten notgedrungen abzufinden hat: Urplötzlich ist man jung, schön, erfolgreich und begehrt.

Einige wenige sind dies bereits im wahren Leben, doch die werden erfahrungsgemäß durch häufige Albträume geplagt – was nicht mehr als recht und billig ist.

PROTOKOLL EINES EROTISCHEN TRAUMES

Ich befand mich in einem fernen Land weit vor unserer Zeit. Bereits seit vielen Jahren wurde unser Volk vom heiß geliebten König Minimalus dem Winzigen und seiner Gattin, Königin Tirili der Knackigen, regiert.

Wir waren berühmt dafür, die wundervollsten Frauen und gleichzeitig die Männer mit den weit und breit kleinsten Penissen hervorzubringen.

Gerne hätten die Nachbarvölker uns überfallen, um unsere Frauen zu rauben. Doch diejenigen, die es versuchten, verfielen beim Anblick unserer Soldaten – welche keinerlei Waf-

fen benötigten, sondern zur Abwehr ganz einfach ihren Lendenschurz entfernten – in eine Heiterkeit, die derart heftig war, dass sie geradewegs in Brechdurchfall endete und die Angreifer unverrichteter Dinge heimkehren mussten.
Ich, ein junger Knabe von 17 Jahren, lebte unbeschwert als Sohn eines Holzsammlers und seiner Frau in dem Dörfchen Ipp – unbeschwert deshalb, weil ich einen ziemlich großen Penis hatte und somit ein krasser Außenseiter war, der sich keinerlei Hoffnungen auf eine wie auch immer geartete Karriere zu machen brauchte. Längst war klar, dass meine einzige Chance, später einmal meinen Lebensunterhalt zu verdienen, darin bestand, den väterlichen Betrieb zu übernehmen.
Alles in allem waren es glückliche Jahre, doch sollten diese jäh enden, als eines Tages ein berittener Nachrichtensprecher mitsamt seinem Gefolge auf den Dorfplatz preschte.
Die erschütternde Top-News besagte, dass König Minimalus einem Leberversagen erlegen sei. Ein Jammern und Wehklagen erhob sich und schwoll noch an, als des Weiteren verkündet wurde, Königin Tirili beabsichtige, bald wieder zu heiraten, jedoch nicht der Tradition entsprechend den jungen Mann mit dem kleinsten, sondern denjenigen mit dem größten und dazu auch noch ausdauerndsten Penis des Landes!

Die einhundert Bestbestückten sollten der Königin vorgeführt und von ihr höchstpersönlich einem Test unterzogen werden. Da nur einer gewinnen und an Tirilis Seite König werden konnte, mussten die anderen damit rechnen, in Schimpf und Schande, bestenfalls ausgestattet mit einem Rückreisekostenzuschuss sowie einem Autogramm der Königin – aus dem Palast gejagt zu werden.
Als meine Mutter diese schockierenden Worte vernahm, versuchte sie eilig, mich unter ihrer Schürze zu verbergen – doch zu spät: Die königlichen Späher hatten mich bereits entdeckt. Ohne Erbarmen wurde ich den zitternden Armen meiner Mutter entrissen, in Watte gepackt und verschleppt.
Die Reise war beschwerlich, dauerte aber nicht lange, denn der Palast lag nur etwa zehn Minuten von unserem Dorf entfernt. Dort angekommen fand ich mich in einer endlosen Schlange anderer junger Männer wieder.
Der Reihe nach wurden wir einem Gesundheitscheck mit allem Pipapo unterzogen, sodann gebadet, desinfiziert, manikürt, frisiert und parfümiert und hatten zum Abschluss der Prozedur die freie Auswahl aus den aktuellen Frühjahrskollektionen der königlichen Modedesigner.
Bei Einbruch der Dunkelheit wurden wir in einen fensterlosen,

muffig riechenden und durch Fackeln notdürftig erhellten Raum geführt, der nur über eine weitere Tür verfügte – die Tür zum Schlafgemach der Königin!
Unsere Nerven waren zum Zerreißen gespannt. Widerwillig kamen wir der Aufforderung nach, Wartemarken zu ziehen. Ich zog die Nummer 71.
In den folgenden Stunden wagte niemand zu sprechen. Stumm beobachteten wir, wie sich unsere Reihen nach und nach lichteten. Mal wurde der Nächste bereits nach fünf Minuten aufgerufen, mal erst nach einer halben Stunde.
Als die Nummer 70 dran war – ein attraktiver Blondschopf mit einem Penis so lang, dass er andauernd darüber stolperte – glaubte ich bereits, den künftigen König vor mir zu sehen. Doch ich hatte mich getäuscht: Schon nach knapp zwei Minuten wurde meine Nummer aufgerufen!
Unsicher und mit wackeligen Beinen trat ich durch die eisenbeschlagene Tür, die mit einem dumpfen „Rums" hinter mir zufiel. Ich folgte dem finsteren Gang, an dessen Ende mich ein gleißendes Licht erwartete. Geblendet betrat ich einen hell erleuchteten, unendlich groß wirkenden Raum.
Just in der Sekunde, als sich meine Augen an das Licht gewöhnt hatten, verlor ich zum ersten und gleichzeitig letzten

Mal in meinem Leben mein Herz: Das zauberhafte, Zigarillo rauchende Wesen, das mich auf dem gewaltigen Mineralwasserbett erwartete, war mehr als eine Frau, mehr als eine Königin ... sie war exakt das, was ihr Name versprach: Tirili! Wie man es uns beigebracht hatte, löste ich meinen Lendenschurz, ließ ihn zu Boden gleiten und darf in aller Bescheidenheit sagen, dass die Königin über alle Maßen beeindruckt schien: Der leicht gelangweilte Ausdruck verschwand schlagartig aus ihrem Gesicht und wich blankem Entzücken. Ihr schlanker Zeigefinger winkte mich heran und was dann geschah, lässt sich kaum beschreiben. Es war wild, süß, raffiniert, derb, ausgelassen, ungezogen, betörend, explosiv, hauchzart und ... eine a-b-s-o-l-u-t-e Schweinerei!
Viel Zeit musste vergangen sein, als Tirili – kurz vor ihrem 53sten Höhepunkt – hinausbrüllte: „DU ... oooh ... BIST ... ach, du liebes Bisschen ... MEIN ... ohohohooo ... KÖNIIIIG!"
In diesem Moment brandete ringsum Applaus auf. Wie von Geisterhand hoben sich die samtenen Wandbehänge und der komplette Hofstaat, der mucksmäuschenstill alles ganz genau beobachtet hatte, kam zum Vorschein. Das königliche Orchester spielte auf, man ließ mich hochleben und brachte alsbald die mit Diamanten, Rubinen und Smaragden be-

setzte Krone. Im ersten Moment erschien mir diese relativ klein, dann allerdings klärte man mich darüber auf, dass sie nicht dazu gedacht sei, auf dem Kopfe getragen zu werden. Nun könnte man meinen, ich sei in diesem Augenblick der glücklichste Mensch der Welt gewesen, doch weit gefehlt ... in meinem Herzen – oder genauer gesagt: etwas weiter darunter – dürstete es mich nur nach einem: nach Tirili.
Über die Köpfe der tobenden Menge hinweg konnte ich sie mit flehentlich ausgestreckten Armen auf dem Bett liegen sehen. Auch sie brannte darauf, noch eine weiteres Mal vom süßen Nektar der Lust zu kosten.
Ich stieß die Umstehenden fort und bahnte mir meinen Weg zu Tirili. Doch kurz bevor ich sie erreichte, stürzte ich über einige leere Bierdosen ...

... BIERDOSEN?

Hier endete mein Traum und ich fand mich inmitten von leeren Bierdosen auf dem Wohnzimmerboden wieder, wo ich am Abend zuvor eingeschlafen war.

Horst Bretschner (57), Frührentner

EIN TAG IM LEBEN EINES PENIS

Seit der Mensch forscht, strebt er unter anderem danach, herauszufinden, was im Penis vorgeht, was ihn bewegt, ja ... was er denkt.

Der Göttinger Sexualwissenschaftler Professor Jakob Baart will diesem Ziel einen erheblichen Schritt näher gekommen sein, als er den 29-jährigen Olaf R. kennen lernte, der sich spontan bereit erklärte, seinen Penis amputieren zu lassen und für wissenschaftliche Experimente zur Verfügung zu stellen.

In den folgenden Monaten gelang es Professor Baart, in einem eher unscheinbaren Bereich des Penis eine Art Gedächtnis zu lokalisieren.

Die eigentliche Sensation jedoch ist, dass er – wie er behauptet – diesem „Gedächtnis" seine Geheimnisse entlockt haben will und uns autorisiert hat, Ihnen an dieser Stelle einen 24 Stunden umfassenden Auszug zu präsentieren.

In Kollegenkreisen wird Professor Baarts Arbeit heftig kritisiert und auch wir können nicht mit Gewissheit sagen, wie seine Forschungsergebnisse zu bewerten sind. Daher urteilen Sie, liebe Leserinnen und Leser, am besten selbst:

7.00 UHR

Der Wecker klingelt. Es ist Freitagmorgen. Wie immer bin ich sofort voll einsatzbereit, aber Olaf muss natürlich zur Arbeit. Also heißt es: aufstehen, Pipi machen, duschen und ins Auto springen. Wir entdecken unterwegs einige potenzielle Sexualpartnerinnen: die Nachbarin, die auch gerade losfährt und freundlich winkt; eine Studentin, die auf sehr ansprechende Weise den Radweg entlangfährt; und eine absolut megamäßige Frau mit rotem Lockenkopf, die an einer Fußgängerampel wartet. Wir stellen uns vor, wie sich ihr Haar auf einem Kopfkissen machen würde, lassen den Blick an der aufregenden Linie ihres prachtvollen Pos entlanggleiten, den sie so stolz über die Straße trägt – und überfahren sie fast! Olaf geht voll in die Eisen und als der Wagen wenige Zentimeter vor ihr endlich zum Stehen kommt, brüllt sie „Arschloch!" und zeigt den Mittelfinger. Zur Strafe streichen wir sie mit sofortiger Wirkung aus der Kategorie „Lustobjekt" und ordnen sie unter „Blöde Zicke" ein. Als wir das Firmengelände erreichen, trösten wir uns mit dem Anblick der Frau vom Chef, die diesen gerade vorm Eingang abgesetzt hat. Eigentlich ist sie überhaupt nicht unser Typ, aber die Vorstellung, dem Chef auf dem Umweg über das Bett seiner Frau eins auszuwischen, erregt uns immer wieder.

8.00 UHR

Ein betörender Duft zieht durchs Büro. Irgendeine der Kolleginnen hat ein neues Parfüm. Müssen unbedingt rauskriegen, welche es ist. Aber erst mal kümmert Olaf sich um die Stapel von Akten auf seinem Schreibtisch. Ich langweile mich und schwelge – wie immer – in Erinnerungen an unsere gemeinsamen Abenteuer.

9.00 UHR

Frau Wermeskötter hat uns eine Akte gebracht. Habe sie beim letzten Betriebsfest näher kennen lernen dürfen – sehr erfahrene und geschickte Frau. Leider reichte es damals nur zu einem kurzen Intermezzo auf der Damentoilette. Seither hat sich die Gelegenheit nicht mehr ergeben. Ich rege an, sie zum Essen einzuladen, aber die Botschaft dringt nicht zu Olaf durch; er konzentriert sich lieber auf den Inhalt der Akte! Idiot ...

10.00 UHR

Frühstückspause. In der Kantine entdecken wir am Nebentisch eine neue Kollegin – sie ist die Trägerin des aufregenden Parfüms! Auch der Rest an ihr ist erste Sahne: Allein schon, wie sie die Beine übereinander schlägt, entzückt mich sehr! Leider ist sie in ein Gespräch mit Abtei-

lungsleiter Grote vertieft und reagiert auf Olafs Lächeln nicht. Hat sies nicht bemerkt oder sind die über Olaf und mich in der Firma kursierenden Gerüchte bereits zu ihr vorgedrungen? Hoffentlich nicht!
Da hier im Moment nichts zu machen ist, rege ich an, mit der Bild-Zeitung ein ruhiges Plätzchen aufzusuchen, um mal nachzusehen, ob wieder das eine oder andere leicht bekleidete Mädchen abgedruckt ist. Aber Olaf hat keinen Bock, will lieber die Neue noch ein wenig anstarren. Na gut, meinetwegen ...

11.00 UHR

Akten, Akten, Akten ... warum musste Olaf ausgerechnet Sachbearbeiter werden? Es gibt so viele Jobs, in denen die Kontaktaufnahme zum weiblichen Geschlecht bedeutend leichter fällt: Erotiktänzer ... Gynäkologe ... Herrje, selbst ein Busfahrer lernt mehr Frauen kennen als wir! Während Olaf hier dumm rumhängt und auf die Tastatur des PCs einhämmert, lassen andere die Sau raus! Ich weiß es genau: Just in diesem Augenblick treibt es die ganze Welt miteinander! Für seine kurzsichtige Berufswahl räche ich mich an Olaf, indem ich jetzt Dutzende Bilder von lüsternen Frauen vor seinem inneren Auge erscheinen lasse und gleichzeitig an-

zuschwellen beginne. Peinlich berührt rückt er näher an den Schreibtisch, damit wir nicht auffallen und versucht verzweifelt, mich wieder in den Griff zu kriegen. Es gibt einen heftigen inneren Kampf: Olaf antwortet mit Bildern von Umweltkatastrophen, Zugunglücken und alten Frauen, die mit Gießkannen auf Friedhöfen umherschlurfen. Aber so leicht gebe ich nicht auf. Dann allerdings wird er unfair und bombardiert mich mit der Vorstellung von unzähligen nackten Männern! Okay, für andere mag auch das einen gewissen Reiz haben, aber Olaf weiß genau, dass ich darauf überhaupt nicht stehe. Für dieses Mal gebe ich mich also geschlagen und schrumpfe wieder auf Normalmaß. Aber Vorsicht, Olaf, meine Stunde kommt noch!

12.00 UHR

Wir gehen aufs Klo, urinieren und Olaf schüttelt mich brav ab. So ist es recht. Doch dummerweise schaut er nicht genau hin, als er den Reißverschluss zumacht und ich gerate dazwischen. AUTSCH! Kreischend hüpft Olaf herum und versucht hastig, mich zu befreien, aber der Reißverschluss klemmt. Und um die Sache perfekt zu machen, kommt auch noch Kollege Broxtermann auf die Toilette, lacht sich halb tot und bietet mit untrüglichem Sinn für Humor an, den Hausmeister zu alarmieren. Olaf wird so wütend, dass er sämtliche Kräfte mobilisiert und mich „Ratsch" endlich aus der misslichen Lage befreit. Zurück im Büro mache ich einen gründlichen Check und stelle mit Erleichterung fest, dass nichts beschädigt wurde – lediglich ein kleiner Kratzer ist zu verzeichnen. Dem Himmel sei Dank!

13.00 UHR

Mittagspause. Ich überrede Olaf, einen Teller mit dem von ihm so gehassten Grünzeug zu nehmen – schließlich sind Vitamine gut für mich. Dann strebt er zielsicher – von mir exakt gesteuert – den freien Platz neben der Neuen an. Eigentlich ist er eher schüchtern, andererseits weiß er aber ganz genau, dass ich ihm abends im Bett jede einzelne verpasste Chance vorwerfe – und das jahrelang! Also spurt er lieber. Die Neue sieht gar nicht auf, als Olaf an den Tisch kommt. Beim Hinsetzen genießen wir die Aussicht in ihr Dekolleté und ... Wahnsinn! Sie hat ein Tatoo! Einen Schmetterling oder so. Den würden wir uns gern einmal genauer ansehen, aber schon sitzen wir und er ist unserem Blickfeld entzogen. Das Essen wird eine Katastrophe. Olaf kann – wenn wir an das Eine denken – grundsätzlich nicht mehr mit Messer und Gabel umgehen. Zudem gelingt es ihm in solchen Si-

tuationen immer wieder, Gläser und Tassen umzustoßen. Wir bieten der Neuen das volle Programm und sie wirft uns einen besorgten Blick zu, rückt sogar ein Stück beiseite. Olaf denkt daran, schleunigst zu verschwinden, aber ich zwinge ihn zu bleiben. Vielleicht steht sie ja auf Trottel?! Stotternd bringt Olaf eine Entschuldigung hervor, erzählt irgendeinen Blödsinn von wegen zu viel Stress und er hätte die ganze Nacht kein Auge zugemacht, weil sein Onkel ins Krankenhaus gekommen wäre ... Welcher Onkel??? ... und heute müsse er einen dringenden Vorgang für die Filiale in den USA bearbeiten ... USA??? ... und habe gleichzeitig alle Hände voll zu tun, sich auf die Weltmeisterschaften im Snowboarden ... Snowwas??? ... vorzubereiten und ... Bitte, Olaf, komm wieder runter! Sie grinst schon so komisch. Nimm schleunigst eine Auszeit und frag sie, wie sie heißt und was sie hier macht. Während sie antwortet, überlegen wir uns was ganz Raffiniertes, weswegen wir uns unbedingt nach Feierabend mit ihr treffen müssen. Sie sagt ... – aufpassen jetzt, nicht dass wir in der Aufregung etwas verpassen und nachher noch mal fragen müssen, wie sie heißt. Das käme nicht gut – ... Bianca, aha ... schöner Name ... „Bianca, kannst du deine Strumpfhose bitte anbehalten, ich zieh sie dir dann mit den Zähnen aus"...

Ja, Bianca klingt echt gut. Und was sagt sie noch? Ist die Nichte vom Chef ... OH ... und mache hier ein vierwöchiges Praktikum und dann eins in der USA-Filiale ... OH,OH ... und daher würde sie das mit dem dringenden Vorgang für die USA sehr interessieren ... OH, OH, OH ... und das mit dem Snowboarden sei ja ein echter Zufall, denn ihr Verlobter sei letztes Jahr Vizeweltmeister geworden und welchen Platz Olaf denn belegt hätte ... OH, OH, OH, OH! Schnell die Notbremse ziehen und raus hier ... sag, du müsstest ... ja was denn? ... sag irgendwas, egal ... KOTZEN? ... wieso sagst du ausgerechnet „Kotzen", du Schwachkopf? Wir hasten durch die Gänge, retten uns an den Schreibtisch. Olaf verweigert jede weitere Diskussion mit mir und stürzt sich wütend in die Arbeit.

14.00 UHR

Um mich über die aktuelle Stimmungslage zu informieren, beginne ich zu pochen. Das gibts doch nicht: Olaf sieht sich um, ob niemand guckt, greift sich dann an die Hose und kneift mich ganz fest – das tut richtig weh! Also, jetzt bin ich echt sauer. Mann, ich dachte, wir wären ein Team! Aber, na bitte, wenn du es so möchtest ... ich kann mich auch erst mal ausklinken. Dann sieh mal zu, wie du am Wochenende deinen Spaß ohne mich kriegst!

LINKS ODER RECHTS?

Ob der Penis in der Hose links oder rechts positioniert wird, sagt einiges über den Träger aus – oft sogar mehr als das Sternzeichen! Intensivste psychologische und sonstige Untersuchungen an 11 Linksträgern und 895 239 Rechtsträgern haben zu folgenden erstaunlichen Ergebnissen geführt:

DER LINKSTRÄGER

... ist einfühlsam, fantasievoll, charmant, kollegial, humorvoll, kreativ, geduldig, abenteuerlustig, kinderlieb, diszipliniert, gesellig, sportlich, intelligent, zärtlich, großzügig, hilfsbereit ...

... und im Bett meistens ein ziemlicher Langweiler!

DER RECHTSTRÄGER

... ist aufgeschlossen, treu, produktiv, sprachtalentiert, häuslich, gerecht, fleißig, liebevoll, feinsinnig, ausdauernd, mutig, flexibel, hilfsbereit, spontan, romantisch, gebildet, zuvorkommend ...

... und im Bett nicht selten eine Riesenenttäuschung!

15.00 UHR

Einfach köstlich! Abteilungsleiter Grote kommt mit Bianca im Schlepptau vorbei, stellt sie vor und bittet Olaf, sie ausführlich über seinen Arbeitsbereich zu informieren. Grote verschwindet, Bianca zieht sich einen Stuhl heran und jetzt sitzt sie ganz nah neben Olaf und ihm läuft der Schweiß in Strömen herunter. Das kann echt lustig werden! Jetzt fragt sie ihn auch noch ganz unschuldig, ob es seinem Magen besser gehe. Bingo! Aber Olaf, seit wann sind wir denn so mutig? Sagt ihr doch glatt die Wahrheit: Sie hätte ihm gleich gefallen und irgendwie seien dann die Pferde mit ihm durchgegangen, weil er sie unbedingt habe beeindrucken wollen. Täte ihm Leid, er wisse, das sei völlig idiotisch gewesen und wenn sie ihn nun für einen Spinner hielte, könne er ihr das wirklich nicht übel nehmen. Interessanter Ansatz, finde ich. Mit Ehrlichkeit haben wir es bisher noch nie probiert. Bin gespannt, was das bringt. Bianca sagt, er sei mit Sicherheit der schlechteste Lügner, der ihr je untergekommen sei. Da sei ja selbst sie talentierter. Immerhin habe Olaf gleich geschluckt, dass sie die Nichte vom Chef sei, demnächst in der USA-Filiale ein Praktikum mache und einen Verlobten habe, der snowboarde. Bianca empfiehlt, er solle doch künftig –

wenn ihm eine Frau gefalle – bei den Tatsachen bleiben und einfach nur nett sein und sie vielleicht zu einem Kaffee oder zum Essen einladen. Jetzt bin ich wirklich neugierig. Schnallt Olaf die unterschwellige Botschaft? Ich werde ihm diesmal nicht auf die Sprünge helfen. Und es geschieht ein Wunder: Er lädt sie doch tatsächlich zum Essen ein! Und schon folgt Wunder Numero zwei: Sie sagt ... JA!

16.00 UHR

Feierabend. Sie haben sich für 20.00 Uhr im Bistro „Conchies" verabredet. Olaf braust vom Parkplatz und nimmt angesichts der jüngsten Entwicklungen den Kontakt zu mir wieder auf. Eigentlich schmolle ich ja noch, aber andererseits möchte man sich nicht nachsagen lassen, ein Spielverderber zu sein. Also nehme ich meine beratende Tätigkeit wieder auf, empfehle einen Besuch beim teuersten Trend-Friseur der Stadt und einen Rundumschlag im Klamottenladen. Olaf nimmt meine Anregungen dankbar auf.

17.00 UHR

Bepackt mit riesigen Taschen hasten wir durch die Fußgängerzone, als plötzlich eine Stimme ruft: „Hey, Olaf!" Wir sehen eine äußerst knackige Frau mit ausgebreiteten Armen auf uns zueilen, haben aber keinen Schimmer, wer sie ist. Olaf lässt es trotzdem zu, dass sie ihm um den Hals *fällt. „Erinnerst du dich nicht?", jauchzt sie. „Ich bins: Yvonne!" Ach was?! Yvonne?! Wer ist Yvonne? „Aus der alten Clique!", fügt sie hinzu. Ach, du liebes Bisschen! Es gab zwar mal eine Clique, aber das ist Ewigkeiten her. Und ja, es gab da auch eine Yvonne, aber die hat uns damals mit dem Arsch nicht angeguckt. Leider, denn wir waren zu der Zeit sehr, sehr angetan von Yvonne und Olaf und ich haben oft ... na ja, wie soll ich sagen ... sehr intensiv an sie gedacht. „Gut siehst du aus!", meint sie und nun kommt ein ganzer Schwall nicht angeforderter Informationen: Sie habe ihren damaligen Freund geheiratet, was aber ein Fehler gewesen sei, sie seien jedoch längst wieder geschieden und sie habe sich oft gefragt, was wohl aus Olaf geworden sei, denn seine Blicke seien ihr damals durchaus aufgefallen und sie hätte ihn auch total süß gefunden, sich aber nichts anmerken lassen, weil ihr Freund so eifersüchtig gewesen sei und – wie Olaf sich vielleicht erinnern könne – einen ausgeprägten Hang zur Gewalt gehabt habe. Aber das sei ja alles Schnee von gestern, inzwischen habe sie ein nettes Sümmchen geerbt, es Gewinn bringend angelegt und mache sich ein nettes Leben. Sie besäße einen Gutshof in Schleswig-Holstein und eine Villa in Florida und reise ständig durch die Weltgeschichte.*

Nein, heiraten wolle sie nie wieder, auf keinen Fall. Andererseits: wenn der Richtige käme ... Die schmachtenden Blicke, mit denen sie Olaf und insbesondere die Stelle seiner Hose mustert, an der sie mich – zu Recht – vermutet, sprechen Bände. Doch jetzt müsse sie leider weiter, sie habe einen Termin mit ihrem Vermögensberater und sei anschließend bei einem Empfang des Bürgermeisters. Aber ob Olaf nicht Lust hätte, sich mit ihr später am Abend – so gegen Zwölf – in ihrem Hotel zu treffen? Man könne ein, zwei Gläschen an der Bar trinken, über alte Zeiten quatschen und dann mal sehen, was ihnen sonst noch so einfalle, und wieder spüre ich ihren Blick auf mir. Ich lege Olaf – in dessen Kopf es drunter und drüber geht – den Konsonanten „J" und den Vokal „A" in den Mund.

18.00 UHR

Geilheit und schlechtes Gewissen lassen Olaf wie einen Tiger durch die Wohnung irren. Bianca ... Yvonne – Yvonne ... Bianca ... ich fürchte, er könnte kollabieren und empfehle, sich meiner – zwecks Entspannung – zu bedienen. Aber Olaf blockt diesen Gedanken sofort ab. Er ist der Ansicht, wir sollten angesichts der momentanen Entwicklungen mit unseren Kräften haushalten. Das Argument überzeugt mich.

19.00 UHR

Olaf befragt mich immer wieder, für welche der beiden Frauen er sich entscheiden solle. Aber ich bin in diesem Fall keine große Hilfe – ich will sowieso beide! Anschließend könne man ja viel besser urteilen, erkläre ich hinterlistig. Olaf ist nicht überzeugt. Er möchte nicht den Fehler machen, alles haben zu wollen und anschließend mit nichts dazustehen. Ich mache ihm klar, dass er sich weder Bianca noch Yvonne gegenüber zu irgendwas verpflichtet habe – schon gar nicht zu etwas so uncoolem wie „Treue". Außerdem seien beides erwachsene Frauen und es könne gut sein, dass sowohl Bianca als auch Yvonne nur ein erotisches Abenteuer suchten und sich gar nicht dafür interessierten, ob er vorher oder nachher mit einer anderen rummache. Olaf überlegt hin und her und als er zwischendurch an mich denkt, sieht er mich mit zwei Hörnern.

20.00 UHR

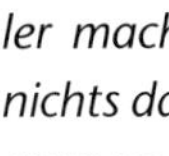

Bianca erscheint nicht zur verabredeten Zeit und schon denken wir: Okay, die Würfel sind gefallen. Aber dann kommt sie doch noch angeschossen und erklärt, sie habe kein Taxi gekriegt. In diesem Moment rückt Yvonne völlig in den Hintergrund unserer Überlegungen und Olaf und

ich sind der einhelligen Meinung: Bianca ist es! Sie trägt einen absolut scharfen Hosenanzug aus so einem Zeug, das ganz leicht glitzert und dazu ein verwegenes Top, unter dem sich ihre vorwitzigen Brustwarzen abzeichnen und das tief genug ausgeschnitten ist, dass wir erneut einen verlockenden Blick auf einen Teil des Schmetterlings erhaschen können. WOW!, denkt Olaf und dem habe ich nichts hinzuzufügen. Voller Vorfreude schwille ich schon mal ein wenig an und lass die beiden das lästige und aus meiner Sicht völlig unnötige Ritual des „Plauderns" vollziehen.

21.00 UHR

Die da oben essen, trinken und machen Blabla. Ich überbrücke die quälende Wartezeit so gut es geht, indem ich mir vorstelle, was wir später alles so miteinander anstellen können. Zufrieden registriere ich, dass Olaf hoch motiviert ist: Wie zufällig legt er seine Hand auf die ihre – aber nicht zu lange -, lobt ihr Aussehen, schaut ihr tief in die Augen, ist charmant, ja teilweise sogar richtig witzig. Damit er in seinen Bemühungen nicht nachlässt, versorge ich ihn zwischendurch immer wieder mit eigens von mir gestalteten Hochglanzaufnahmen in 3D, auf denen er sich mit Bianca in allen denkbaren – und einigen undenkbaren – Positionen betrachten kann.

WOHIN MIT DEM SPERMA?

Der männliche Teil der Erdbevölkerung produziert täglich zig Millionen Liter Sperma. Doch nur ein verschwindend geringer Teil davon wird tatsächlich zur Fortpflanzung genutzt. Der große Rest wird auf mehr oder weniger elegante Weise entsorgt. Zwei 15-jährige Schüler aus Gütersloh kamen nun zum Schluss, dass dies aus ökologischer Sicht den Tatbestand der Verschwendung erfüllt, und erforschten die überraschend vielfältigen Verwendungsmöglichkeiten der Samenflüssigkeit:

- *Tapeten kleben mit Sperma genauso gut wie mit Kleister, sind aber deutlich leichter wieder ablösbar!*
- *Vor dem Bügeln mit Sperma eingesprühte Oberhemden bleiben wochenlang knitterfrei!*
- *Gleichmäßig im Haar verteilt, sorgt Sperma für übernatürlichen Glanz und extreme Fülle!*
- *Großzügig auf die Windschutzscheibe eines Pkw gestrichen, reduziert Sperma die Zahl der Strafzettel um bis zu 98 %!*
- *Wer seiner Frau/Freundin heimlich einen Esslöffel Sperma ins Deo gibt, kann sie völlig unbesorgt allein verreisen lassen!*

Die beiden Schüler wurden bei „Jugend forscht" mit dem ersten Preis und daheim – der Prophet gilt nun mal nichts im eigenen Lande – mit mehrwöchigem Hausarrest belohnt.

22.00 UHR

Kinder, es wird Zeit fürs Bett!!! Jawoll, endlich verlangen sie die Rechnung. Bianca besteht darauf, für sich selbst zu zahlen. Na, hoffentlich ist sie im Bett auch so fortschrittlich … Als sie auf die Straße treten, gehts mir prächtig – auch wenn ichs mir nicht anmerken lasse – man will ja die Pferde nicht scheu machen … Dann der Schock: Die überlegen, in welchen Zappelschuppen sie gehen könnten. Tanzen? Mensch, das könnt ihr doch auch hinterher noch machen, dann solls mir scheißegal sein. Aber zu spät: Schon hüpfen sie zu den aktuellen Sommerhits umeinander herum. Wenn sie wenigstens eng tanzen würden, aber nein …

23.00 UHR

Na also, es hat sich ausgetanzt. Sie stehen in einem dunklen Hauseingang und knutschen wie die Wilden. So ists richtig! Indem ich energisch gegen die Hose drücke, setze ich Bianca über meine Existenz in Kenntnis. Sie antwortet, indem sie mit leicht kreisenden Bewegungen ihres Unterleibs gegendrückt. Ich sehe schon, wir werden prächtig miteinander auskommen. Sie flüstert Olaf etwas zu, was im ersten Augenblick weder er noch ich richtig kapieren. Was will sie? Es tagelang machen? Nun, Gnädigste, ich werde mein

Bestes geben! Nein, sie meint was anderes: „Tage"! Etwa im Sinne von „Menstruation"? Aber, Baby, ein richtiger Seemann fährt auch durchs Rote Meer! Olaf formuliert meinen Gedanken netterweise etwas anders. Nee, da hat sie keine Lust drauf, sagt sie. Ja, leck mich doch am Arsch! Aber sie habe den Abend sehr genossen und vielleicht sei es auch ganz vernünftig, nicht gleich am ersten Abend miteinander zu ... Olaf, komm, wir müssen los! Olaf?! Jetzt fängt der auch noch an zu schwafeln! Habe sich noch nie mit einer Frau so gut unterhalten und so weiter, und so weiter ... Ich höre da irgendwas Komisches heraus und mir kommt ein schlimmer Verdacht: Ob mein Mitkonkurrent – das Herz – sich heimlich eingemischt hat? Wenn wir beide dieselbe wollen, kommen wir zu fantastischen Ergebnissen; aber wehe, wir haben unterschiedliche Vorstellungen ... Endlich, nach einem weiteren Kuss – der mir nichts bringt – schließt Bianca die Tür auf und verschwindet im Haus. Jetzt entbrennt ein furchtbarer Kampf! Das Herz will nach Hause, brav ins Bett gehen und von der süßen Bianca träumen. Schon taucht eine schreckliche Vision auf: Olaf sitzt Pfeife rauchend in einem Sessel, neben ihm der Weihnachtsbaum; drei Kinder stürzen auf ihn zu: Papa, Papa! Bianca kommt durch die Küchentür und bringt ihm ein Stück vom frisch gebackenen Stollen ... WÜRG! Schleunigst säe ich Misstrauen: Was, wenn sie gar nicht die Regel hat, sondern nur eine Ausrede suchte, weil sie in Wirklichkeit einen anderen liebt?! Vielleicht hatte sie heute Abend nur Langeweile! Was wissen wir denn über sie? Wie hoch ist die Wahrscheinlichkeit, dass so eine Frau alleine lebt? Trotzdem findet das Herz den Gedanken, nun mit Yvonne in die Kiste zu hüpfen, total widerlich. Ich entgegne, dass wir es ja gar nicht so weit kommen lassen müssen. Vielleicht nehmen wir wirklich nur einen Drink mit ihr und stellen bald fest, dass sie uns gar nicht interessiert. Außerdem, liebes Herz, wäre es ja wohl auch ziemlich herzlos, eine Verabredung nicht einzuhalten. Wer weiß, wie Yvonne gerade drauf ist? Okay, in der Fußgängerzone wirkte sie quicklebendig und vergnügt, aber war sie nicht übertrieben vergnügt?! Vielleicht hat sie in Wahrheit große Probleme, einen Hang zu Depressionen und sich den ganzen Tag darauf fixiert, Olaf zu sehen und mit ihm über alles reden zu können. Und was, wenn wir sie in solch einer Situation versetzen? Es sollen schon Menschen aus geringeren Gründen aus dem Fenster gesprungen sein! Und falls es dazu kommen sollte, wäre ich jedenfalls nicht dafür verantwortlich! In diesem Moment steigt Olaf bereits in ein Ta-

xi und ich höre, wie er dem Fahrer den Namen von Yvonnes Hotel nennt. Puh, das war knapp!

0.00 UHR

Von Depressionen ist bei Yvonne wahrlich nichts zu merken. Sie kippt sich fröhlich einen Whisky nach dem anderen rein. Olaf macht mit und vermeidet es dabei tunlichst, auf ihr edles Profil, die geilen langen blonden Haare, die Superbrüste, den Megahintern und die endlosen Beine zu starren, die in einem äußerst provokanten Lederminirock enden, der so gerade eben noch den Schambereich bedeckt. Ich fasse mich in Geduld und lasse Olaf erst mal ein bisschen betrunken werden.

1.00 UHR

Sie quatschen über dieses und jenes, Bianca wird durch die Promille langsam, aber sicher zu einer blassen Erinnerung, und als Yvonne zum von mir bereits erwarteten Angriff bläst, stürzen die – ohnehin ziemlich wackeligen – Mauern sofort ein. Eilig werden eine Flasche Whisky und ein Kübel Eis mit aufs Zimmer genommen und kaum fällt die Tür zu, da zieht Yvonne sich schon an Olaf hoch, umklammert ihn mit den Beinen und er hält ihre strammen Pobacken in den Händen. Ein letztes Mal taucht der Name „Bianca" in übergroßen leuchtenden Buchstaben in Olafs Kopf auf, doch genau in diesem Augenblick öffnet Yvonne ihre Bluse und drückt Olaf ihre harten Brustwarzen ins Gesicht! Die Leuchtbuchstaben explodieren in tausend kleine unleserliche Stückchen und Olaf beginnt lüstern an dem zu knabbern, was ihm da so freigebig angeboten wird. Ich jubiliere! Kurz darauf werde ich von der Dunkelheit in Olafs Hose in die Dunkelheit des unbeleuchteten Hotelzimmers entlassen und dann von der wohligen, weichen, warmen Dunkelheit in Yvonne umhüllt. Ach, das Leben kann herrlich sein! Es gibt wohl niemanden auf der Welt, der so froh ist, wenn er was zu tun bekommt wie ich.

2.00 UHR

Ich stelle fest, dass Olafs diffuses Gefühl, wegen Bianca ein schlechtes Gewissen haben zu müssen, eine für mich positive Wirkung hat. Er hält viel länger durch als sonst, denn er weiß genau: Sobald sie aufhören und er zur Ruhe kommt, wird ihn ebendieses schlechte Gewissen treffen wie eine gusseiserne Bratpfanne. Also: Weiter gehts ...

3.00 UHR

Yvonne ist schlichtweg begeistert, denn Olaf will partout nicht aufhören. Aber mir reichts jetzt und *ich mache Feierabend – morgen ist auch noch ein Tag. Ja, versuchts ruhig mit Gewalt – da werde ich dann erst richtig störrisch. Nee, also wirklich, Leute, mal im Ernst: Für heute ist echt Sense. Seht es ein ...* Das Keuchen, Ächzen und Stöhnen verebbt und bald ist nur noch Yvonnes regelmäßiges Atmen zu hören, das uns anzeigt, dass sie bereits in den Schlaf übergleitet. Olaf zieht sich das Bett bis unters Kinn und stiert an die Decke. *Wie vermutet, taucht nun das Bild der süßen Bianca vor ihm auf – ich weiß nicht warum, aber sie trägt einen Heiligenschein.* Olaf macht sich die schlimmsten Vorwürfe und seufzt dazu.

4.00 UHR

Olaf grübelt immer noch. *Bianca ... Yvonne – Yvonne ... Bianca. Langsam gehts mir auf die Nerven. Weißt du was, Junge? Sieh selber zu, wie du mit deinen Weibergeschichten fertig wirst! Ich muss mich jetzt regenerieren, denn so, wie ich Yvonne einschätze, sollte ich morgen früh besser fit sein ... Also denn: Gute Nacht!*

LEICHT ERREGBAR?

Jeder Mann ist unterschiedlich leicht erregbar. Während der eine schon ein Zucken in der Lendengegend verspürt, sobald er ein Damenfahrrad erblickt, könnten dem anderen fünf brasilianische Sambaköniginnen stundenlang auf dem Küchentisch etwas vortanzen und er hätte Mühe, die Augen offen zu halten.

Zum Teil hängt der Grad der Erregbarkeit von Alter und Alkoholpegel des Mannes ab; zum Teil von Alter, Alkoholpegel und Brustumfang der infrage kommenden Frau; zum Teil aber auch von speziellen Vorlieben, welche bereits in der Kindheit geprägt wurden – und zwar meistens von sehr nah stehenden weiblichen Personen.

Beispielsweise wird ein Mann, der als Kind ganz besonders seine Omi – eine wortgewaltige, zu cholerischen Anfällen neigende Metzgersgattin – ins Herz geschlossen hatte, womöglich später einmal eine einsilbige Vegetarierin – mag sie auch noch so hübsch sein – wenig anziehend finden.

Häufig sind es auch winzige Details wie eine bestimmte Haarfarbe, eine spezielle Art zu lachen oder die Eigenschaft, beim Sprechen zu spucken, die sich aus irgendeinem Grund dem Jungen einprägen und die der erwachsene Mann unbewusst

und mitunter vergeblich wieder zu finden sucht. Sobald er jedoch eines weiblichen Wesens ansichtig wird, welches das entsprechende Merkmal trägt, meldet sich unweigerlich seine Libido. Und häufig sondert der stets zum Optimismus neigende Penis bereits in diesem Augenblick – das heißt noch bevor die Verhandlungen über einen gemeinsamen Geschlechtsakt mit der betreffenden Person überhaupt aufgenommen wurden – die so genannte Vorflüssigkeit ab, die mengenmäßig von Mann zu Mann zwischen 0,0003 cl und 0,5 l variieren kann.

SELBST IST DER MANN

Irgendwann im Alter zwischen 7 und 77 entdecken Jungs, dass es die Stimmungslage deutlich verbessern kann, wenn man sich „da unten" berührt. Manche sind dabei so unendlich behutsam, als hielten sie einen wundervollen Schmetterling in der Hand, andere wiederum gehen derart rigoros zur Sache, als gelte es, einem Elefanten den Rüssel abzureißen. Die Zahl der Onaniertechniken ist unendlich und rund um den Globus werden sekündlich neue entwickelt. Man nimmt aber an, dass der Großteil der Onanisten sich schlicht auf die eigene Fingerfertigkeit verlässt, wobei selbstredend diejenigen, die auch im Berufsleben Fingerspitzengefühl beweisen müssen – allen voran die Pianisten –, gegenüber dem Rest der Menschheit im Vorteil sind.

Zunehmender Beliebtheit erfreuen sich jedoch auch die zahllosen zur Luststeigerung geeigneten Hilfsmittel, welche der Kenner in Haushalt und Werkzeugkasten vorzufinden und zweckentfremdet anzuwenden weiß. Wer professioneller an die Sache herangehen möchte, sieht sich im Fachhandel einer Vielzahl anschmiegsamer, farblich meist zwischen Schweinchenrosa und Pink variierender Kunststoffprodukte gegenüber, deren Bezeichnung als „Flutsch-Faust" oder „Lust-Grotte" gleichzeitig als Gebrauchsanleitung verstanden werden darf.

Für welche Methode man sich auch entscheidet, die Onanie beinhaltet ein erhebliches Suchtpotenzial, sodass nahezu jeder, der es einmal ausprobiert hat, dieses berauschende Gefühl immer wieder erleben möchte, jene äußerst intensiven und prickelnden Minuten, in denen Adern pulsieren, Augäpfel rotieren, moralische Grundwerte kollabieren und sich am Ende alles in einem befreienden Schwall wie beim Ausbruch eines Vulkänchens ergießt.

Um das angestrebte Ziel zu erreichen, genügt die fleißige manuelle Tätigkeit allein jedoch nicht – als ganz entscheidende Faktoren müssen das visuelle Gedächtnis und die Fantasie hinzukommen.

Zieht beim Sterbenden der Legende nach das ganze Leben am inneren Auge vorbei, so sind es beim Onanisten in der Regel nur die letzten 24 Stunden, wobei die sexuell stimulierendsten Momente herausgefiltert, zusammengeschnitten, mit Geräuschen und Musik unterlegt und so lange immer wieder abgespielt werden, bis der Höhepunkt erreicht ist. Sodann werden sie für eine eventuelle nochmalige Verwendung abgespeichert.

Doch wie sehen diese stimulierenden Momente aus? Häufig sind es gerade die kleinsten Bildschnipsel – ein kurzer Blick auf den verheißungsvollen Hüftschwung einer drallen Biergartenbedienung, auf die strammen Pobacken einer Studentin in der Straßenbahn oder auf die sich deutlich abzeichnenden Brustwarzen einer asiatischen Touristin, die nach dem Weg fragt – die später immense Bedeutung gewinnen.

Ist dieser Wust an Erinnerungen erst einmal sortiert, kommt die Fantasie zum Zuge. Plötzlich ist die dralle Biergartenbedienung 20 Jahre jünger; die Politesse leidet nicht länger an Herpes; die Studentin aus der Straßenbahn blättert nicht mehr im Handbuch der Architektur, sondern im A – Z der oralen Befriedigung; und die asiatische Touristin möchte nun nicht mehr über die Handhabung des Stadtplans aufgeklärt,

sondern in die Geheimnisse der europäischen Liebeskunst eingeweiht werden.
Wer durch Krankheit, Faulheit oder Beide-Beine-ab nicht so viel herumkommt, also keine frischen Eindrücke parat und zudem die alten überstrapaziert hat, muss keineswegs verzweifeln. Fernsehen, Zeitschriften und die Damenunterwäscheseiten eines Versandhauskataloges bieten mehr Material, als selbst der vitalste Onanist zu berücksichtigen in der Lage ist.
Zu erwähnen sind an dieser Stelle selbstverständlich auch die zahlreichen Telefonagenturen, die, wenn man den Versprechungen glauben darf, rund um die Uhr ebenso blonde wie großbusige Frauen bereithalten, welche ihre Aufgabe in dieser Welt einzig darin sehen, dem Onanisten akustische Schützenhilfe zu gewähren.
Nach dem – wie auch immer – erreichten Höhepunkt wird flugs das verschmutzte Papiertaschentuch entsorgt, beziehungsweise die „Lust-Grotte" ausgespült und zum Trocknen auf die Heizung gelegt, und den Onanisten überkommt eine himmlische Ruhe, die selbst durch Yoga, autogenes Training oder schwere Gartenarbeit so nicht zu erreichen wäre.
An diesem Punkt zerfällt die Front der Onanisten in zwei La-

ger: Im einen versammeln sich diejenigen, die nun abfällig auf die Frauen herabschauen, welche sich ihnen in ihrer Onanistenfantasie so hemmungs- und schamlos hingegeben haben. In der anderen – weitaus kleineren – Gruppe finden sich diejenigen, die voll Dankbarkeit an die betreffenden Frauen denken und die menschliche Größe besitzen, diesen – sofern die Adresse bekannt ist – via Fleurop ein kleines Dankeschön für ihre freundliche Unterstützung zukommen zu lassen.
Nach dem bislang Ausgeführten, könnte man meinen, das Leben des Onanisten sei ein recht angenehmes. Doch weit gefehlt: Er ist dazu verdammt, seiner Leidenschaft in Heimlichkeit und Dunkelheit nachzugehen, denn Feinde lauern überall. Der größte und gefährlichste (weil in der kritischen Anfängerphase sich ständig in unmittelbarer Nähe herumtreibende) Feind ist die eigene Mutter. Entweder sie ist altmodisch und der Ansicht, die Onanie sei nicht nur unkeusch, gesundheitsschädlich sondern auch die erste Sprosse auf der kriminellen Karriereleiter – oder noch schlimmer: Sie ist modern und hält Onanie nicht nur für akzeptabel, sondern für die unbedingte Voraussetzung einer normalen sexuellen Entwicklung. Dies gipfelt dann womöglich darin, dass nicht nur nachgefragt wird: „Hast du deine Hausaufgaben gemacht?"

und „Hast du dein Zimmer aufgeräumt?", sondern auch, „Hast du heute schon onaniert?" – und genau diese Befürwortung, ja Aufforderung zur Selbstbefriedigung ist bestens dazu geeignet, dem jugendlichen Heißsporn jegliches Vergnügen da-ran zu nehmen.

Für den Onanisten ebenso störend kann sich die Existenz einer Freundin oder Ehefrau auswirken. Diese erhebt gewöhnlich einen Exklusivitätsanspruch auf sein Ejakulat. Bestenfalls darf er – wenn ihr gerade nicht nach Beischlaf ist – unter ihrer Aufsicht onanieren, wird jedoch dazu angehalten, sie dabei ununterbrochen anzuschauen, um die Möglichkeit weitestgehend auszuschließen, dass er seine Bemühungen der oben genannten Biergartenbedienung oder asiatischen Touristin widmet.

Weitere ernst zu nehmende Gegner der Onanie sind, in der Reihenfolge ihres Auftretens, Kindergärtnerinnen, Lehrer, Arbeitgeber und Altenpflegerinnen sowie – sofern die „Selbstbefleckung" in der Öffentlichkeit praktiziert wird – Polizisten und Straßenkehrer.

Doch wer auf der Hut ist und beim Onanieren nicht nur die Hose, sondern auch Augen und Ohren offen hält, wird sicher ungestört seinem Vergnügen nachgehen können und darf *sich in der angenehmen Gewissheit wiegen, nicht allein dazustehen: Seriösen Schätzungen zufolge sind die Freunde der Onanie zahlenmäßig selbst dem vielköpfigen Heer der Steuerzahler weit überlegen!*

PROTOKOLL EINER ONANIEFANTASIE

„Eines Abends lag ich im Bett – ich muss damals etwa 13 Jahre alt gewesen sein – und dachte voller Sympathie an meine hoch geschätzte Englischlehrerin Frau Wilbe-Schepergerdes, als ich zu meiner großen Überraschung feststellte, dass sich innerhalb meiner Schlafanzughose etwas zu regen begann. Was ich empfand, als ich daraufhin die Hand fest um meinen Penis legte, lässt sich mit Worten kaum beschreiben – plötzlich erschien mir Frau Wilbe-Schepergerdes in einem völlig anderen Licht. Genüsslich malte ich mir aus, sie ließe mich nachsitzen; wir waren allein im Klassenraum: Frau Wilbe-Schepergerdes lag in aufreizender Pose direkt vor mir auf dem Tisch, lüpfte dieses und jenes Kleidungsstück und ich musste aus dem dabei sichtbar werdenden Körperteil und ihrem Namen einen englischen Satz bilden:

– Mrs. Wilbe-Schepergerdes has extremely hypnotizing nipples.

– The ass of Mrs. Wilbe-Schepergerdes is the most beautiful piece of flesh I've ever seen in my young life.
– I would like to drink champagne ... sorry ... milk out of Mrs. Wilbe-Schepergerdes navel.
Immer, wenn der Satz grammatikalisch korrekt war, entledigte sich Frau Wilbe-Schepergerdes des Kleidungsstücks und ich durfte den jeweiligen Körperteil vorsichtig betasten. Auf meiner Stirn bildeten sich Schweißperlen, das Herz pochte; gleichzeitig warf Frau Wilbe-Schepergerdes immer wieder ihren Kopf zurück und gab Geräusche von sich, die mich unweigerlich an eine hungrige Raubkatze im nächtlichen Dschungel denken ließen.
Es dauerte quälend lange, bis Frau Wilbe-Schepergerdes sich mir endlich splitternackt präsentierte und nun, da ich mich schon am Ziel wähnte, stellte sie meine Englischkenntnisse ein letztes Mal auf die Probe:
– Now I have to ask you, if you want to go home or if you want to make love to me like no one ever did before.
– To be honest, Mrs. Wilbe-Schepergerdes, antwortete ich, I would prefer to make love to you and I promise, that when we've finished, you will have problems to walk on your own legs for at least one week.

– Okay, japste Frau Wilbe-Schepergerdes, then let's start. I'm already sharp like neighbours Lumpi!
Die folgenden – bedauerlicherweise imaginären – Ereignisse führten unter meiner Bettdecke zu derart hektischer und für mich völlig ungewohnter Betriebsamkeit, dass sich unser Hausarzt tags darauf genötigt sah, eine galopierende Sehnenscheidenentzündung zu diagnostizieren.
Im Laufe der Jahre habe ich noch von vielen Frauen geträumt und darf – nicht ohne Stolz – behaupten, dass sich mir in meiner Fantasie so manche Schönheit von Laufsteg und Leinwand mehr als bereitwillig hingegeben hat. Doch Frau Wilbe-Schepergerdes ist und bleibt meine absolute Top-Favoritin.
In der Realität allerdings wagte ich es nie wieder, ihr in die Augen zu schauen."

Lutz (42), Kaufmännischer Angestellter

ZUM SCHLUSS EIN PLÄDOYER

LIEBE FRAUEN!

Die Männer sind sich natürlich völlig darüber im Klaren, dass der Penis sie mit seinen ewigen Ansprüchen gelegentlich schon mal nervt. Vielleicht haben Sie etwas mehr Verständnis für ihn, wenn Sie sich mal kurz in seine Lage versetzen:

Was bekommt der Penis schon groß zu sehen?

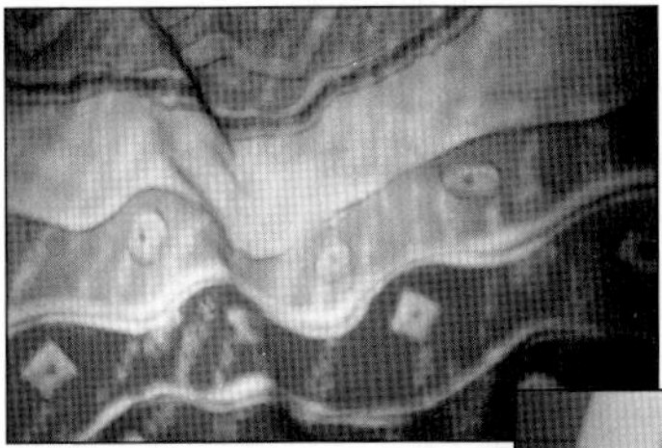

DAS BETT!

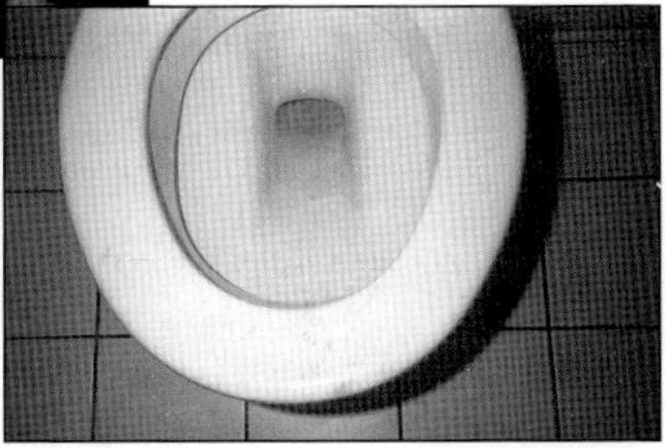

DAS KLO!

DIE DUSCHE!

UND DAS
INNERE DER HOSE!

Ist es unter diesen Umständen ein Wunder, dass er – wenn er mal etwas derart Hübsches wie SIE erblickt – total ausflippt?